Rosa Cipriano®

Educatrice al movimento
www.rosacipriano.it

Giochi, filastrocche e canzoncine di movimento

sul Tappeto delle Orme Motorie

Sono incluse anche le risorse digitali

QR CODE per scaricare le risorse digitali

Copyright © 2023 Rosa Cipriano
Tutti i diritti riservati.
www.rosacipriano.it

Giochi, filastrocche e canzoncine sul Tappeto delle Orme Motorie

ROSA CIPRIANO

COME ACCEDERE ALLE RISORSE DIGITALI

Gentile Lettore, Gentile Lettrice, desidero innanzitutto ringraziarti per il Tuo acquisto.

In questo testo e nelle risorse digitali abbinate, troverai giochi, filastrocche e canzoncine di movimento da realizzare con i tuoi bambini sul Tappeto delle Orme Motorie.

Ti illustrerò passo passo come fare per realizzare le attività e come coinvolgere al meglio i tuoi bambini per incoraggiarli a seguire le orme che andremo a posizionare sul Tappeto oppure direttamente sul pavimento rispettando la sequenzialità, ma vedremo anche come stimolare l'elaborazione di nuove variazioni incentivando creatività e immaginazione.

Il lavoro sul Tappeto delle Orme Motorie è facile da realizzare in qualsiasi ambiente, sia al chiuso che all'aperto ed è un ottimo strumento per incoraggiare e sostenere lo sviluppo psicomotorio dei bambini.

Acquistando questo testo ottieni anche l'accesso alle risorse digitali che comprendono i video dimostrativi nonché i file audio delle canzoncine.

Potrai visionare le risorse digitali senza alcun limite.

Come accedere alle risorse digitali?

1. Prendi lo smartphone e assicurati che sia connesso a internet;
2. Scannerizza il QR code che trovi qui sotto utilizzando un'apposita applicazione;
3. Si apre in automatico la pagina del sito che ha il seguente url: **https://academy.rosacipriano.it/offers/tap-bo/checkout**
4. Trovi un modulo da compilare dove dovrai inserire i tuoi dati (nome, cognome, indirizzo e-mail).

Completata la procedura di cui al n.4, riceverai una mail automatica all'interno della quale trovi la password che ti consente di accedere all'area riservata del sito academy.rosacipriano.it

<u>CONTROLLA SEMPRE ANCHE NELLA CASELLA SPAM E PROMOZIONI DELLA TUA CASELLA MAIL</u>

Nell'area riservata del sito academy.rosacipriano.it, alla voce I miei corsi, troverai il materiale digitale.

Potrai visionare e scaricare il materiale digitale quando desideri.

Se il QR Code non dovesse funzionare, fai così:

1. Vai sul Pc e apri Google Chrome

2. Digita nella barra in alto il seguente url: https://academy.rosacipriano.it/offers/tap-bo/checkout

3. Compila il modulo che trovi sul sito inserendo i dati richiesti (nome, cognome, indirizzo mail) e poi controlla la tua casella mail: troverai la password che ti consente di accedere all'area riservata del sito academy.rosacipriano.it dove trovi i materiali digitali associati al libro.

Ecco il codice QR CODE:

Attenzione

La scansione del QR CODE dà diritto **ad una sola registrazione** all'area riservata del sito. È vietato condividere il codice e l'url della pagina con altre persone, sui social/sul web o con qualsiasi altro mezzo che possa, in qualche modo, consentire ad altri, che non hanno acquistato il libro, di accedere alle risorse riservate. <u>Ai trasgressori del presente divieto, sarà impedito l'accesso alle risorse digitali.</u>

Avvertimenti sull'utilizzo del materiale

Il materiale che trovi in questo testo e il materiale digitale che puoi scaricare dal sito, sono coperti da copyright.

È vietata la riproduzione e/o la commercializzazione.

Potrai usare il materiale per la realizzazione delle attività con i tuoi bambini e per altri scopi didattici che riterrai utili.

È possibile condividere sui social soltanto piccoli spezzoni delle canzoncine e/o filastrocche.

Non è ammessa la pubblicazione delle canzoncine e/o delle filastrocche per intero.

Per altre richieste puoi contattarmi ai seguenti recapiti:

E-mail: rosacipriano.it@gmail.com

📞 **+39 320 57 09 269**

Visita il mio sito per tutte le risorse disponibili www.rosacipriano.it

INDICE

IL TAPPETO DELLE ORME MOTORIE………………………………………..8

GIOCHI PREPARATORI……………………………………………………...13

FILASTROCCHE DI MOVIMENTO SUL TAPPETO DELLE ORME…………22

CANZONCINE DI MOVIMENTO SUL TAPPETO DELLE ORME…………..37

DEFATICAMENTO E CONFRONTO FINALE……………………………...60

IL TAPPETO DELLE ORME MOTORIE

Sagome, forme e impronte posizionate in successione da percorrere camminando, saltando, correndo, con infinite combinazioni: ecco cos'è il Tappeto delle Orme Motorie, un gioco divertente e stimolante che permette di intervenire su diverse aree dello sviluppo motorio.

Le orme posizionate in successione vengono attraversate dal bambino rispettando la sequenza, in una scansione di gesti e movimenti che combinano informazioni spaziali e temporali.

Le orme sono un ottimo strumento per favorire lo sviluppo della coordinazione occhio-piede, occhio-mano e del controllo degli arti inferiori e superiori nei bambini. Quando i bambini seguono un percorso di orme, devono guardare attentamente dove mettono i piedi e le mani, e devono coordinare i movimenti degli arti per seguire correttamente il percorso. Questo aiuta a migliorare la coordinazione tra gli occhi e le mani o i piedi, permettendo al bambino di muoversi con più precisione e controllo.

Inoltre, i percorsi realizzabili con le orme contribuiscono ad accrescere l'agilità e l'equilibrio dei bambini. Durante il percorso, devono mantenere l'equilibrio sulle orme, spostarsi in modo fluido da una all'altra e adattare i movimenti in base alla disposizione delle orme. Ciò stimola l'equilibrio e l'agilità motoria dei bambini, aiutandoli a sviluppare una migliore consapevolezza del proprio corpo nello spazio.

Le orme sono inoltre utili per insegnare ai bambini la definizione di destra e sinistra. Poiché le orme sono realizzate in una forma specifica, con una dimensione e una direzione prestabilite, i bambini devono imparare a distinguere tra il lato destro e sinistro seguendo il percorso che andremo a predisporre. Questo li aiuta a sviluppare una comprensione spaziale e a imparare i concetti destra e sinistra in modo pratico e concreto.

La novità che rende ancora più interessante e completo il lavoro motorio sul Tappeto delle Orme è l'uso di filastrocche e canzoncine appositamente ideate.

Le filastrocche e le canzoncine offrono un ritmo incalzante che guida i passi dei bambini lungo il Tappeto delle Orme. Le parole diventano istruzioni di movimento che li spingono a camminare, saltare o correre seguendo il ritmo del testo. Questo connubio di movimento, ritmo e linguaggio permette loro di sperimentare una vera e propria sinergia tra corpo e mente, creando un'esperienza di apprendimento vivace e coinvolgente.

Attraverso l'uso di filastrocche e canzoncine, i bambini acquisiscono una maggiore consapevolezza del proprio corpo e dei suoi movimenti nello spazio. Ogni passo lungo le orme diventa una parte integrante di una sequenza di azioni, in cui le parole della filastrocca o della canzoncina fungono da guida. Questo sviluppa la loro capacità di comprendere la sequenzialità delle azioni, apprendendo il concetto di prima e dopo, e potenziando la loro capacità di organizzare i movimenti in modo coerente e coordinato.

Inoltre, l'uso delle filastrocche e delle canzoncine permette ai bambini di arricchire l'esperienza sensoriale durante il percorso sul Tappeto delle Orme. Le parole evocative e le melodie orecchiabili stimolano l'immaginazione e l'entusiasmo dei bambini, trasformando il semplice attraversamento di orme in un'avventura emozionante. La combinazione di movimento, ritmo, linguaggio e fantasia motoria li coinvolge a livello emotivo, creando un ambiente di apprendimento piacevole e appagante.

Attraverso questa combinazione di elementi, i bambini imparano e si divertono, creando un legame speciale tra movimento, linguaggio e creatività.

Le attività con il Tappeto delle Orme Motorie possono essere proposte da educatori, docenti, istruttori di ginnastica, genitori e da chiunque desidera coinvolgere i bambini in nuovi giochi e attività.

Il ruolo dell'adulto di riferimento è soprattutto quello di creare un ambiente che favorisca un clima positivo, definendo in modo chiaro limiti e regole soprattutto allo scopo di tutelare la sicurezza di tutti i partecipanti, ma allo stesso tempo è fondamentale lasciare spazio all'esplorazione incoraggiando la ricerca di nuove soluzioni e valorizzando le "scoperte".

Il conduttore del gioco, guida, osserva, personalizza l'intervento a seconda dell'età, dei bisogni, del contesto.

Cominciamo allora a costruire il Tappeto delle Orme motorie.

Il Tappeto delle Orme Motorie è uno strumento semplice da realizzare, anche fai da te, che consente ai bambini di fare un'esperienza corporea completa che in particolare coinvolge:

- l'apprendimento degli schemi motori di base;
- lo sviluppo del senso ritmo e della coordinazione;
- la lateralità e la capacità di orientamento spazio - temporale.

Per realizzare le attività con il Tappeto delle Orme Motorie abbiamo bisogno innanzitutto di uno spazio adeguato, sufficientemente ampio e sicuro. Possiamo svolgere l'attività sia in uno spazio appositamente pensato per l'attività motoria che in ambienti con altre funzioni adeguatamente organizzati.

Il tempo ideale per svolgere questo tipo di attività è di circa 60 minuti includendo la fase di avvio e la fase di chiusura.

Durante la fase di avvio ci dedicheremo ad accogliere il gruppo con piccoli rituali di saluto e semplici giochi di riscaldamento e mobilizzazione delle parti del corpo (testa, spalle, mani, braccia, fianchi, piedi…).

La fase di chiusura è dedicata al defaticamento e al riordino. Possiamo dedicare qualche minuto alla verbalizzazione invitando i bambini a raccontarci le loro sensazioni e impressioni sull'attività svolta, chiedere di realizzare un disegno a piacere raccontando un momento vissuto durante la lezione.

Il Tappeto delle Orme Motorie è strutturato per essere attraversato da un bambino per volta, proprio per questo le attività accompagnate da filastrocche e canzoncine sono di breve durata così da non creare momenti di attesa troppo lunghi.

Con gruppi particolarmente numerosi e se lo spazio lo consente, possiamo sviluppare due o più percorsi paralleli di modo da far svolgere l'attività a due o più bambini per volta, ognuno lungo il suo Tappeto.

Per costruire il Tappeto delle Orme Motorie possiamo utilizzare un tappeto runner tipo passatoia come quello nella foto qui a fianco.

Personalmente ho trovato molto utile e ben fatto quello disponibile su Amazon (trovi il link alla pagina di vendita sul mio sito). Questo tipo di tappeto è lungo e stretto, grande abbastanza da poterci ricavare due percorsi di orme, è fatto di un materiale leggero e pratico, si piega facilmente e occupa poco spazio.

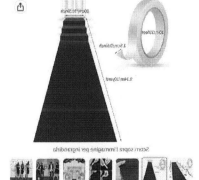

Una volta ottenuto il tappeto runner, andremo a posizionarlo sul pavimento nella zona desiderata. Per assicurarci che rimanga in posizione durante l'utilizzo, basta utilizzare il nastro adesivo per fissarlo saldamente al pavimento lungo i bordi o in punti strategici.

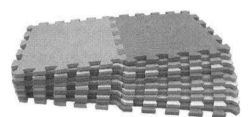
In alternativa alla passatoia possiamo usare i tappetini puzzle in schiuma da posizionare a incastro in successione.

Successivamente, arriva il momento di aggiungere le orme di mani e piedi sul Tappeto.

Possiamo optare per orme di plastica o gomma che sono disponibili in commercio e si trovano facilmente in negozi di giocattoli o negozi online specializzati (nell'area riservata del sito troverai anche per questi il link Amazon).

Assicuriamoci di scegliere orme di dimensioni adeguate al tappeto e facili da seguire per i bambini. È opportuno giocare anche con i colori per aiutare i bambini a distinguere la destra e la sinistra.

In alternativa, possiamo creare le sagome utilizzando il feltro o la carta Eva. Questo materiale è flessibile, resistente e facile da tagliare.

Oltre alle sagome di mani e piedi, è interessante utilizzare anche altri marcatori di diversi colori e forme: cerchi, frecce, stelle…in questo modo riusciremo a rendere ancora più colorato e vario il nostro tappeto.

Il lato delle orme che deve stare a contatto con il pavimento e/o con il tappeto, deve essere ben saldo per garantire la stabilità e la sicurezza durante il gioco. Nell'area riservata del sito trovi il video dove mostro i materiali che utilizzo e spiego come sceglierli con i link ai rivenditori online specializzati.

GIOCHI PREPARATORI

Prima di affrontare il Tappeto delle Orme Motorie con canzoncine e filastrocche, è utile organizzare giochi preparatori per aiutare i nostri piccoli a prendere confidenza con i movimenti sulle orme, incoraggiando la comprensione delle istruzioni, la capacità di discriminazione visiva, l'associazione tra le azioni e le orme da seguire.

Ecco allora alcuni giochi utili da proporre.

o **Un giorno al museo**

Posizioniamo orme di piedi sparse sul pavimento. Chiediamo ai bambini di immaginarsi come delle statue e di scegliere una posizione in cui immobilizzarsi. Appena parte la musica le statue, come per magia, prendono vita e se ne vanno a spasso per il museo… ma non conoscendo la strada, si lasciando condurre dalle orme lasciate dai visitatori sul pavimento calpestandole. Basterà stoppare la musica per far tornare le statue immobili.

Ogni bambino potrà scegliere la posizione della statua a piacere oppure possiamo fornire indicazioni chiedendo di interpretare un'emozione, oppure un personaggio (un guerriero, un dio, un animale), oppure, ancora, chiedendo di fermarsi in una posizione in piedi/seduti/in ginocchio.

o **Corri e calpesta la sagoma estratta**

Posizioniamo sparsi sul pavimento sagome di mani, piedi, cerchi, frecce e altre forme geometriche. Usiamo un dado oppure delle flash card sulle quali saranno raffigurate le sagome che abbiamo posizionato sul pavimento.

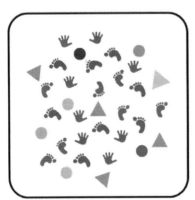

I bambini dovranno quindi correre a calpestare la sagoma estratta/mostrata dal conduttore del gioco.

Iniziamo con pochi elementi per poi via via aggiungerne di altri e rendere l'attività più stimolante.

o **Con le palline**

Posizioniamo sagome e orme di diverse forme sparse sul pavimento come nel gioco precedente e chiediamo ai bambini di prendere una palla dalla cesta e di correre a posizionarla sopra la sagoma che via via indicheremo oppure mostreremo utilizzando flash card oppure ancora un dado.

o **Il pavimento è lava**

Invitiamo i bambini a immaginarsi in una foresta magica e camminiamo sparsi per lo spazio a disposizione. Al segnala "lava" immaginiamo il suolo ricoprirsi di lava incandescente. L'unico modo per mettersi in salvo è camminare calpestando le orme che avremo precedentemente posizionato sul pavimento.

o **Navi colorate**

Dividiamo lo spazio di gioco in 3 o più quadrati utilizzando il nastro adesivo di 3 o più colori diversi. Ad ogni quadrato associamo una nave e inseriamo orme piedi sparse all'interno. Ad ogni nave associamo una situazione di movimento diversa: ad esempio sulla nave rossa i passeggeri saltano su un piede; sulla nave azzurra, i passeggeri camminano sui talloni/sulle punte; sulla nave verde i passeggeri camminano all'indietro. Il conduttore del gioco quindi chiamerà il colore della nave e i bambini correranno a posizionarsi all'interno del quadrato corrispondente e si muoveranno con l'azione associata.

o **Come Robot**

Posizioniamo in ordine sparso, sul pavimento, sagome di orme di piedi e mani. Chiediamo ai bambini di fingersi Robot e invitiamoli a camminare liberamente per lo spazio a disposizione in modo "meccanico", senza calpestare le orme. Ad un certo punto il conduttore del gioco nominerà la parte del corpo che fingeremo essersi guastata: piede destro/sinistro; mano destra/sinistra. I bambini dovranno quindi trascinarsi e raggiungere la sagoma corrispondente, posizionarsi sopra e rimanere fermi per alcuni secondi, il tempo che entrerà in azione la "Macchina Aggiusta Robot" (possiamo utilizzare un suono meccanico registrato, della durata di pochi secondi, così da rendere l'esperienza ancora più immersiva). Aggiustata la parte rotta, i Robot potranno rimettersi in cammino ma attenzione…presto potrebbero rompersi anche due o più parti del corpo contemporaneamente…

- **Il lupo e le pecorelle**

Un classico gioco di inseguimento dove un bambino interpreta il lupo e gli altri le pecorelle. Il lupo, posizionato a una certa distanza, fingerà di guardare l'orologio e dirà ad alta voce l'ora (ad esempio "Sono le 5"). Le pecorelle dovranno fare lo stesso numero di passi camminando sulle orme che avremo posizionato sul pavimento, contando tutte insieme ad alta voce.

Ma quando il lupo dirà che è mezzanotte, le pecorelle dovranno scappare nella loro tana per non essere mangiate dal lupo che a quell'ora è molto affamato.

Chi viene preso affianca il lupo nel gioco e lo aiutare ad acchiappare nuove pecorelle. Per le tane potremo posizionare cerchi o scatoloni facilmente raggiungibili dai bambini per mettersi in salvo durante l'inseguimento.

- **Orme e numeri**

Posizioniamo sul pavimento orme di mani e piedi e chiediamo ai bambini di camminare/correre/saltellare/galoppare nello spazio disponibile senza toccare le orme.

Chiameremo lo Stop e lanceremo due dadi: uno ci indicherà su quale orma posizionarci e l'altro quante volte colpire l'orma con la parte del corpo corrispondente.

Ad esempio se il dado indica *2* e l'altro indica *Piede destro*, i bambini dovranno cercare l'orma corrispondente al piede destro e saltarci sopra, con il piede destro, per 2 volte contando tutti insieme ad alta voce.

Per il dado puoi fotocopiare e ritagliare le sagome che trovi nelle pagine successive.

Giochi, filastrocche e canzoncine di movimento sul Tappeto delle Orme

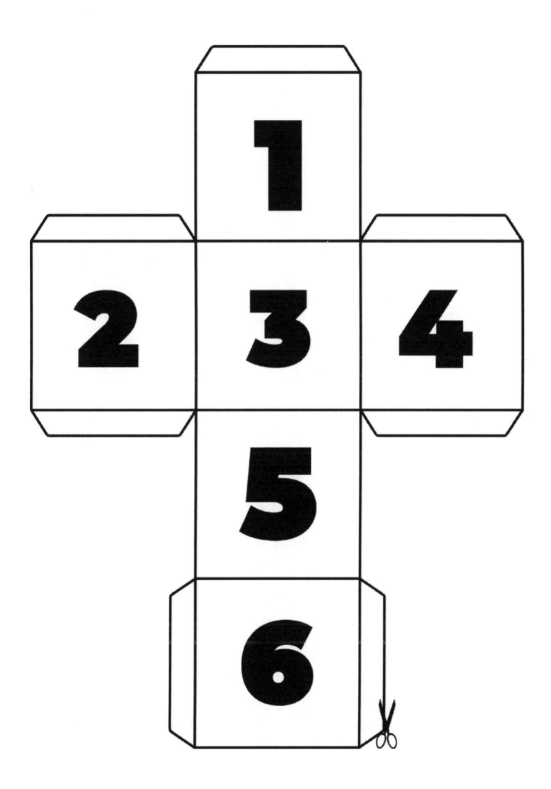

Giochi, filastrocche e canzoncine di movimento sul Tappeto delle Orme

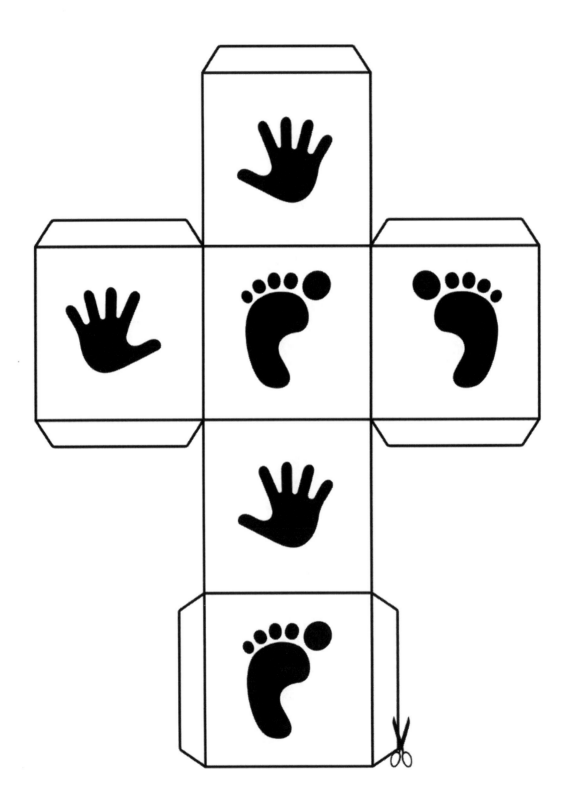

- **Segui il ritmo**

Posizioniamo sagome di piedi e mani sul tappeto. Utilizzando uno strumento percussivo, chiediamo ai bambini di attraversare il percorso seguendo il ritmo che suoneremo: possiamo variare velocità e intensità, chiedendo ai bambini di adeguare la camminata e il modo di calpestare le orme, anche associando la voce. Ognuno potrà così creare una sua composizione fatta di movimento e voce.

- **Salta sulle coppie**

Posizioniamo sul tappeto alcune coppie di orme di piedi (destra e sinistra) e diverse singole.

Chiediamo ai bambini di attraversare il tappeto saltando solo sulle coppie di piedi e non su quelle singole.

Lo stesso gioco lo possiamo proporre al contrario, chiedendo ai bambini di saltare solo sulle orme singole e non su quelle a coppia.

- **I sassi del fiume**

Immaginiamo il nostro Tappeto delle Orme come un fiume e posizioniamo sopra sagome di diverse forme.

Chiediamo ai bambini di attraversare il fiume camminando in punta di piedi solo sui sassi (le sagome a forma di cerchio).

La camminata dovrà essere lenta e controllata per non svegliare i coccodrilli. Ma attenzione il suono di un campanellino ci avviserà dell'arrivo del coccodrillo e bisognerà mettersi in salvo posizionandosi sopra la pietra magica (ad esempio sulla sagoma a forma di stella). Dovremo quindi stare fermi con entrambi i piedi posizionati sulla pietra magica per tutta la durata del suono. Passato il pericolo potremo tornare ad attraversare il fiume camminando sui sassi.

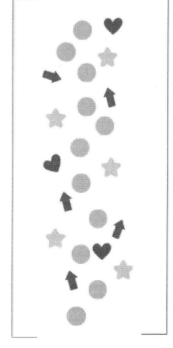

o **Come aeroplani**

Posizioniamo sul tappeto orme di piedi in successione creando varie combinazioni: a coppie, singole, incrociate...

Chiediamo ai bambini di immaginarsi come aeroplani, di aprire in fuori le braccia e di attraversare il tappeto seguendo le orme.

Lasciamo i bambini interpretare con la loro immaginazione il percorso di questo aeroplano in fase di atterraggio: potrebbe girare su sé stesso, fare dei saltelli, fare delle brevi pause, volare ad alta o bassa quota...

Concludiamo il percorso con l'"atterraggio": possiamo prevedere diverse combinazioni come ad esempio atterraggio in ginocchio/seduti sulla stella; in equilibrio sul piede destro/sinistro; in equilibrio poggiando mano e piede opposti e così via...

o **Con il palloncino**

Posizioniamo sul tappeto orme di piedi creando varie combinazioni. Un bambino per volta dovrà attraversare il percorso calpestando le orme e contemporaneamente lanciando un palloncino in aria senza farlo cadere.

Questo gioco possiamo anche svilupparlo aggiungendo, sul tappeto, le orme di mani. In questo caso chiederemo ai bambini di attraversare il percorso tenendo in mano il palloncino e quando incontreranno le orme di entrambe le mani dovranno lanciare il palloncino in aria, toccare le orme e poi recuperare il palloncino evitando che cadi a terra. Se invece incontreranno l'orma di una sola mano potranno mantenere il palloncino con la mano libera.

o **Palline di carta**

Realizziamo un percorso posizionando sul tappeto orme di piedi, in varie combinazioni, e orme di mani.

In corrispondenza delle orme di mani mettiamo un pezzetto di carta. Quando i bambini incontrano l'orma della mano devono accovacciarsi e appallottolare il pezzo di carta utilizzando la mano corrispondente all'orma incontrata.

Le orme di mani e piedi possono essere usate in tanti altri giochi divertenti con i bambini, stimolando la loro creatività e immaginazione. Possiamo coinvolgerli direttamente anche nella creazione di percorsi utilizzando le orme come una sorta di mappa che andrà a rappresentare un viaggio avventuroso.

Spazio alla fantasia per trovare tante soluzioni: ad esempio possiamo chiedere di tracciare un percorso di orme che dovrà rappresentare il sentiero che percorre un animale per andare a caccia di cibo o per raggiungere la sua tana; la strada che percorre l'autobus per portare i bambini a scuola; il percorso che devono seguire i camerieri per portare il cibo ai tavoli, e così via… lasciamoli viaggiare con l'immaginazione, invitiamo i nostri bambini ad arricchire il bagaglio di esperienze motorie incoraggiandoli a trovare nuove e insolite soluzioni per nuove ed entusiasmanti avventure!

FILASTROCCHE DI MOVIMENTO SUL TAPPETO DELLE ORME

Le filastrocche svolgono un ruolo significativo nello sviluppo dei bambini sotto diversi aspetti.

In particolare coinvolgono:

--il linguaggio e la comunicazione: le filastrocche aiutano i bambini a sviluppare le abilità linguistiche, ampliando il loro vocabolario e migliorando la pronuncia. La ripetizione ritmica delle parole e delle rime stimola la memoria e l'articolazione delle parole, fornendo un'esperienza divertente che favorisce l'apprendimento del linguaggio;

--lo sviluppo cognitivo: le filastrocche richiedono ai bambini di seguire una sequenza di parole e di imparare nuovi schemi ritmici. Questo stimola la memoria a breve termine, l'attenzione, la concentrazione e la capacità di sequenziare le informazioni, contribuendo allo sviluppo cognitivo;

--l'apprendimento del ritmo: le filastrocche hanno un ritmo scandito che le rende facilmente memorizzabili, la musicalità delle parole crea dolci melodie che rassicurano il bambino, lo abituano all'ascolto e gli consentono di sviluppare il senso ritmico;

--socializzazione e interazione: le filastrocche possono essere recitate e cantate insieme, incoraggiando l'interazione sociale e la partecipazione di gruppo. Questo favorisce lo sviluppo delle abilità sociali, come la condivisione, la cooperazione e la comunicazione con gli altri;

--creatività e immaginazione: le filastrocche spesso raccontano storie o presentano immagini fantastiche. Questo stimola la fantasia e l'immaginazione dei bambini, incoraggiandoli a creare immagini mentali e ad esprimere la propria creatività attraverso le parole e i gesti.

In generale, le filastrocche sono uno strumento versatile ed efficace per lo sviluppo globale dei bambini. Offrono un modo divertente ed educativo per imparare e crescere, stimolando il linguaggio, il pensiero critico e le abilità sociali in modo integrato e coinvolgente.

Le Filastrocche da recitare mentre si attraversa il Tappeto delle Orme Motorie, sono un'attività divertente e interattiva che coinvolge anche la sfera motoria.

Ogni filastrocca è accompagnata da un percorso di orme motorie sul tappeto che guida i bambini attraverso le diverse azioni da compiere.

La combinazione di parole ritmate da scandire ad alta voce e di azioni fisiche andrà a stimolare i bambini in modo globale. Seguendo il ritmo e la melodia delle filastrocche, i bambini si divertiranno a coordinare il movimento con le parole, migliorando le loro abilità motorie in modo spontaneo e naturale.

Le filastrocche che ho preparato sono semplici e brevi, ognuna ha un tema caratterizzante così da rendere l'esperienza ancora più coinvolgente e a misura di bambino. Di seguito troverai il testo di ciascuna filastrocca, le indicazioni sulle azioni di movimento e il layout da utilizzare come punto di riferimento per posizionare le sagome sul tappeto. Potrai adattare l'attività a seconda dell'età dei tuoi bambini, semplificando o aggiungendo ulteriori varianti, rendendo il percorso più breve o, viceversa, ampliando le situazioni di movimento con altri e ulteriori indicatori da posizionare sul Tappeto, soprattutto mano a mano che i bambini diventeranno più pratici ed esperti dell'attività.

Ti ricordo che nell'area riservata del sito academy.rosacipriano.it puoi visionare i video dimostrativi senza alcun limite di tempo.

Eccoci allora pronti ad entrare nel vivo delle Filastrocche di movimento sul Tappeto delle Orme motorie.

> **Filastrocca "Il granchio Franco"**

Il granchio Franco fa un bel bagno

Facciamo 4 passi spostandoci lateralmente

Nuota nuota tra le onde

Ci posizioniamo sulla coppia di orme di piedi e oscilliamo spostando il peso da un piede all'altro

Tra gli scogli si nasconde

Ci accovacciamo posizionandoci sul primo e poi sul secondo cerchio

Quando arriva il gabbiano

Rimaniamo in equilibrio su un piede

Corre corre assai lontano

Di corsa seguiamo le orme posizionate sul tappeto.

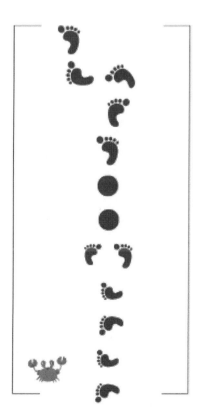

> **Filastrocca "Una fata"**

Sul nel cielo piange una fata

Corriamo a zig zag tra le stelline con un'espressione triste

La sua bacchetta via è volata

In equilibrio su un piede, mano sulla fronte, mimiamo di cercare la bacchetta

Si gira di qua si gira di là

Salto sulle orme girandoci verso destra e poi verso sinistra

Si affaccia la luna e dice

Posizioniamoci sulle orme di piedi ben distanziate e incliniamo il busto avanti mimando la luna che si affaccia

"Eccola qua"

Salto sul cerchio mimando di consegnare la bacchetta alla fatina

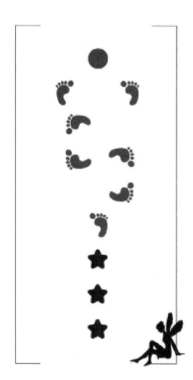

> **Filastrocca "Il gatto Tito"**

Il gatto Tito un bel dì,

Appoggiamo piede e mano opposta seguendo le orme

Ha fatto un salto grande così

Facciamo un salto atterrando sulla coppia di orme di piedi

È salito sopra un tetto

Due passi con un piede avanti all'altro

Con lo sguardo da furbetto

Posizioniamo i piedi sulla coppia di orme e facciamo uno sguardo furbo da gatto

Muove la coda, stiracchia la schiena

Posizioniamoci in quadrupedia con le ginocchia sopra le sagome a forma di cerchio e le mani sulle orme. Muoviamo il bacino e stiracchiamo la schiena come fanno i gatti

Il gatto Tito gioca fino a sera

Con un salto portiamo i piedi sopra i cerchi e battiamo le mani per 3 volte: avanti al petto, sulle orme e di nuovo avanti al petto.

> ## Filastrocca "Vola l'ape"

Vola l'ape in mezzo ai fiori

Corsa a zig zag tra le sagome dei fiori

Vola tra mille colori

Calpestiamo le orme di piedi posizionate in successione in cerchio

Si ferma qua

Salto atterrando con entrambi i piedi sopra il cerchio

Salta là

Salto atterrando sulle orme dei piedi

Succhia nettare

2 passi avanti calpestando le orme

A volontà!

Salto atterrando sulla coppia di orme di

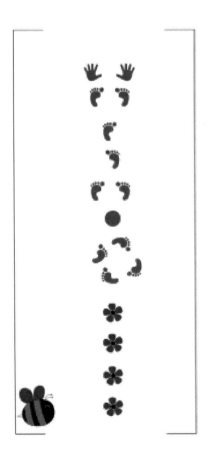

> Filastrocca "Il canguro col singhiozzo"

Il canguro col singhiozzo

4 passi sulle orme incrociate

Salta salta a più non posso

3 salti atterrando sulle orme

Ma poi inciampa sopra un sasso

E dice ora mi rilasso

Ci accovacciamo sopra il cerchio e facciamo una pausa

Ma il singhiozzo è troppo forte

Ci tiriamo su

Salta fino a mezzanotte

    4   salti atterrando sulle orme

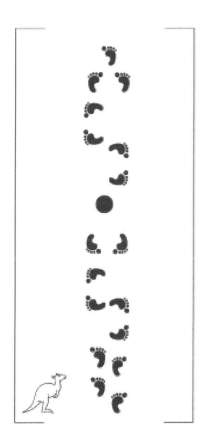

> **Filastrocca "La pioggia"**

Scende la pioggia Plin Plin

Posizioniamo i piedi sulle orme e battiamo 2 volte la mano sull'orma

Bagna la foglia Plin Plin

Ripetiamo uguale sulle orme successive

Tante gocce saltano allegre

Saltiamo atterrando con i piedi prima sui cerchi e poi sull'orma singola

Sulle rocce e sulle pietre

Saltiamo girati verso destra e verso sinistra atterrando sulle coppie di orme

Intanto il sole da lassù

Giriamo attorno al cerchio

Si affaccia e dice

Saltiamo atterrando sulle coppie di orme di piedi distanziate con il busto leggermente inclinato in avanti

Cucù

2 salti sulle orme singole di piedi

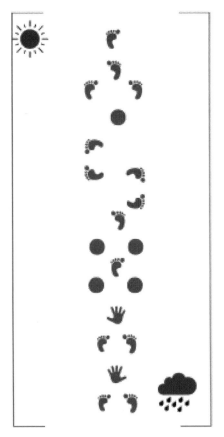

➢ Filastrocca "Il pasticciere"

Il pasticciere

Posizioniamo i piedi sulle orme e battiamo 2 volte le mani sopra le orme corrispondenti

E' pronto a impastare

Ripetiamo sulle orme di piedi e mani successive

Tanti ingredienti da amalgamare

Camminiamo in cerchio seguendo le frecce

Rompe le uova tuc tuc

Posizioniamo il piede sinistro sull'orma e battiamo il pugno destro sul cerchio posizionato accanto per 2 volte

Versa l'impasto slug slug

Salto girati verso destra e poi verso sinistra atterrando sulle orme

E' tutto buono quello che fa

Posizioniamo i piedi sulle orme e mano sulle guance che mimano "quanto è buono"

Mangio i suoi dolci in gran quantità!

Salto atterrando sulle orme e poi, con entrambi i piedi, sul cerchio seguendo la sequenza

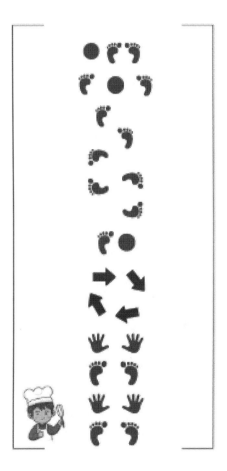

➢ **Filastrocca "Il pagliaccio"**

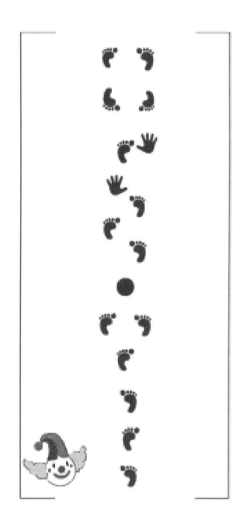

Il pagliaccio equilibrista

Camminiamo calpestando le orme con un piede avanti all'altro

Ha paura del dentista

Salto sulle orme e tremiamo con le gambe

Se lo vede scappa via

Corsa attorno al cerchio

Corre a casa della zia

Piedi posizionati sulle orme e corriamo rimanendo sul posto

Si nasconde sotto al letto

Avanziamo poggiamo a terra mano e piede opposto

E prepara uno scherzetto!

2 salti seguendo la direzione delle orme. Finiamo con una smorfia di scherno.

➤ Filastrocca "Zumpete Pà"

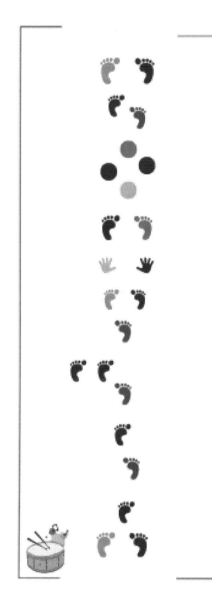

Zumpete Pà suona l'orchestra
Salto sulla coppia di orme e 2 passi avanti

Nella città c'è aria di festa
4 passi avanti seguendo le orme

Chi suona le nacchere fa Clack Clack
Battiamo le mani 2 volte sul pavimento in corrispondenza delle orme di mani

Chi batte le mani fa Clap Clap
2 salti atterrando sulla coppia di orme di piedi e battiamo le mani avanti al petto per 2 volte

Ma c'è qualcuno che vuol dormire
E nessun suono vuole sentire
Passi sugli avampiedi calpestando i cerchi

A tutti quelli che stanno lì
2 passi avanti sulle orme

Si affaccia e dice zitti Shhhh
Salto atterrando sulla coppia di orme e mano avanti al naso mimando il "Shhhh"

> Filastrocca "La zuppa della strega"

La strega prepara, prepara una zuppa

3 passi sulle orme e poi colpiamo le mani

E vuole presto mangiarla tutta

3 passi avanti e poi un salto sulla coppia di orme

Ci mette aglio, cipolla e carota

3 salti sulle orme singole

Lattuga, acciuga e pinne di trota

Batto la mano destra sul pavimento e poi un clap con le mani avanti al petto, ripeto con l'altra mano

Con il cucchiaio fa una giravolta

Giro intorno al cerchio

L'assaggia e dice…

La mangerò un'altra volta…bleeeee

Salto sulla coppia di orme di piedi e mimiamo il "Blee" con la lingua in fuori

➢ Filastrocca "La conchiglia"

La conchiglia Gelsomina

4 passi calpestando le orme

Sulla spiaggia stamattina

Passettini sugli avampiedi sulle frecce

Nuota e balla

Nuota e balla

Saltiamo atterrando sulle orme e muoviamo le braccia come se nuotassimo

E fa un tuffo nella sabbia

Salto sul cerchio e mani sulle orme

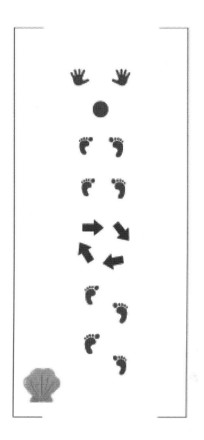

➢ Filastrocca "Un coriandolo"

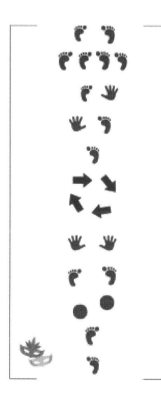

Un coriandolo rosso e blu

2 passi calpestando le orme e 2 salti sui cerchi

Si è nascosto a testa in giù

Ci accovacciamo posizionando mani e piedi sulle orme

Un vento forte è arrivato

Corsa sulle frecce

E lassù è volato

Equilibrio su un piede

Lo ha raccolto un bambino

Avanziamo poggiando mano e piede opposto

Vestito come Arlecchino

3 salti sulle orme

> **Filastrocca "Al polo nord"**

Al polo nord arriveremo

4 passi in avanti sulle orme

Babbo Natale saluteremo

4 passi girando magari aggiungiamo la mano che si muove simulando di salutare Babbo Natale

Sulla slitta con le renne

Passi seguendo la direzione delle frecce

Saliremo fin sopra le stelle

2 salti atterrando sulle orme, proseguiamo appoggiando le mani e poi un salto finale atterrando sulla stella

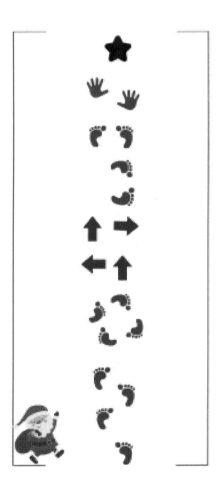

CANZONCINE DI MOVIMENTO SUL TAPPETO DELLE ORME

In questo capitolo trovi la descrizione delle attività di movimento da svolgere sul Tappeto delle Orme Motorie accompagnate dalle canzoncine che ho scritto e che interpreto.

Le parole ritmiche e le suggestioni sonore fungono da guida e consentono ai bambini di attraversare il Tappeto seguendo, ogni volta, un layout diverso coordinando parole, ritmo e movimenti.

Il testo di ciascuna canzoncina è breve ed è pensato per consentire a un bambino per volta di attraversare il percorso eseguendo, all'incirca, 8 azioni di movimento. Il brano poi si ripete più volte: in questo modo più partecipanti possono svolgere l'attività uno dopo l'altro, senza dover attendere il proprio turno troppo a lungo e, nel frattempo, osservano il compagno sul Tappeto e prendono confidenza con la canzoncina e l'attività.

Prima di iniziare l'esercizio sulla canzoncina, è importante spiegare ai bambini cosa fare in modo chiaro e conciso, evitando spiegazioni troppo lunghe. L'obiettivo è di illustrare brevemente i movimenti e mostrare loro come eseguirli, in modo che i bambini siano pronti a divertirsi autonomamente sul Tappeto delle Orme.

Assicurati di dare tempo ai bambini per praticare i movimenti in modo indipendente prima di iniziare il gioco sulla canzoncina. Puoi incoraggiarli a ripetere i movimenti più volte e a sentirsi sicuri nel compiere le azioni richieste. In questo modo, i bambini saranno pronti a esibirsi sul Tappeto delle Orme con entusiasmo e fiducia.

Ricorda che l'obiettivo principale è quello di garantire che i bambini comprendano i movimenti e siano in grado di eseguirli in modo autonomo. Mantieni le spiegazioni brevi, coinvolgenti e interattive, in modo che i bambini possano godersi il gioco e sperimentare il movimento in modo divertente.

Mentre attraversano il Tappeto delle Orme seguendo le canzoncine, ai bambini non è richiesto di cantare in modo esplicito. Tuttavia, è naturale che si lascino coinvolgere dalla musica e che cantino spontaneamente. È importante permettere ai bambini di cantare in modo naturale, senza forzarli o richiedere una performance vocale precisa. L'obiettivo principale è concentrarsi sui movimenti e sul gioco corporeo.

Ricordiamoci di semplificare e modificare il percorso ogni volta ne ravvisiamo la necessità anche in considerazione dell'età e delle capacità dei bambini. Incoraggiamoli a trovare nuove varianti e ascoltiamo le loro idee e proposte stimolando un confronto e una partecipazione attiva.

Avvertimenti

I file audio delle canzoncine, in formato MP3, sono disponibili nell'area riservata del sito.

Una volta effettuata l'iscrizione gratuita al sito, potrai scaricare i file MP3 e salvarli sul PC oppure sul supporto che ritieni più utile e comodo (Penna USB; smartphone).

Ti ricordo che per scaricare i file digitali occorre effettuare l'accesso al sito web seguendo la procedura descritta nelle prime pagine del libro.

Le canzoncine sono opere musicali originali e, pertanto, sono coperte dal diritto d'autore. Questo significa che sono protette dalla legge e la loro riproduzione, diffusione e commercializzazione è vietata.

Le canzoncine sono state registrate presso la SIAE (Società Italiana degli Autori ed Editori), confermando il riconoscimento ufficiale della loro autenticità e proprietà intellettuale.

La commercializzazione o la creazione di copie è vietata e costituisce violazione di legge.

Quando si condivide materiale online (ad esempio sui social, sul canale Youtube, etc…), è necessario prestare attenzione e rispettare le norme relative al diritto d'autore.

È generalmente consentito condividere solo piccoli spezzoni delle canzoncine, nel rispetto del principio di "uso equo" o "fair use", che permette un uso limitato del materiale protetto per scopi educativi.

È vietata, invece, la pubblicazione di file audio o video in cui sia possibile ascoltare la canzoncina per intero.

CANZONCINA N.1: SALTA RANOCCHIO

Di cosa abbiamo bisogno:

- n. 6 coppie di orme di piedi
- n. 4 coppie di orme di mani
- n. 1 stella
- n.1 cerchio

In questa canzoncina chiediamo ai bambini di immaginarsi come ranocchi e di riprodurre il salto da ranocchio seguendo le orme che andremo a posizionare come nel layout che trovi qui sotto.

Eseguiremo il salto in corrispondenza del suono *Grac* e porteremo i piedi e le mani sul pavimento in corrispondenza delle orme. Sulle parole Salute le stelle che sono lassù, i bambini dovranno posizionarsi sulla stella ed eseguire un giro su sé stessi tenendo i talloni sollevati. Le braccia saranno sollevate verso l'alto con le mani che si muovono con il gesto del saluto.

Nella parte finale chiederemo ai bambini di posizionarsi sul cerchietto posto alla fine del percorso con le mani giunte sotto la testa inclinata simulando di dormire.

Ecco il testo:

SALTA RANOCCHIO, GRAC GRAC
FAI UN ALTRO SALTO GRAC GRAC
SALUTA LE STELLE CHE SONO LASSÙ
SALTA SALTA E DORMI ANCHE TU

Segui il Layout per strutturare il percorso.

Possibili variazioni:

- Cambiamo la direzione dei salti (verso destra/sinistra)
- Cambiamo l'atterraggio del salto prevedendo di appoggiare una mano e un piede (es. mano destra e piede sinistro e viceversa, oppure mano destra e piede destro)
- Camminiamo attorno alla stella invece di camminare sopra
- Fermi in una posizione di equilibrio sul cerchio finale imitando la posizione del sonno (es. fermi in equilibrio su un piede, con l'altro che si posiziona sulla parte interna della coscia)

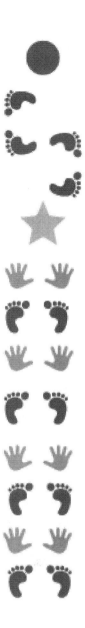

Canzoncina n.2: Tun Tun Cha'

> Di cosa abbiamo bisogno:
> - n. 8 coppie di orme di piedi
> - n. 1 coppia di orme di mani
> - n.1 cerchio

In questa canzoncina incoraggiamo il movimento ritmico e l'equilibrio sull'onomatopea *Tun Tun Cha'*. Andremo quindi a battere alternativamente sulle orme seguendo il ritmo per poi fermarci in equilibrio sull'orma successiva. Ripetiamo poi camminando poggiando i piedi uno avanti all'altro sulle orme che troveremo in sequenza e andremo a posizionare le mani giù in corrispondenza delle orme.

Eseguiremo poi un salto a destra e uno a sinistra e infine andremo a giocare con le orme dei piedi e il cerchio che troveremo posizionati alla fine del percorso seguendo il ritmo del Tun Tun Cha'.

Ecco il testo:

TUN TUN TUN TUN TUN TUN TUN TUN TUN TUN TUN TUN CHA'
TUN TUN TUN TUN TUN TUN TUN TUN TUN TUN TUN TUN CHA'
UN PIEDE AVANTI ALL'ALTRO
LE MANI GIÙ IN BASSO
A DESTRA E A SINISTRA E FACCIO UN GRAN FRACASSO
TUN TUN TUN TUN TUN TUN CHA'
TUN TUN TUN TUN CHA' CHA'
TUN TUN TUN TUN TUN TUN CHA'
TUN TUN TUN TUN CHA' CHA'

Segui il Layout per strutturare il percorso.

Possibili variazioni:

- Invece di battere alternativamente i piedi sulle orme, possiamo chiedere ai bambini di fare piccoli saltelli con entrambi i piedi seguendo il ritmo. Oppure possiamo inventare altre modalità di salto (es. salto 2 volte con il destro e 2 volte con il sinistro)

- Possiamo cambiare la posizione delle orme delle mani in modo da dover incrociare le braccia, quindi l'orma destra la posizioniamo a sinistra e viceversa

- Anche per il finale possiamo creare nuove e diverse combinazioni di salti seguendo il ritmo

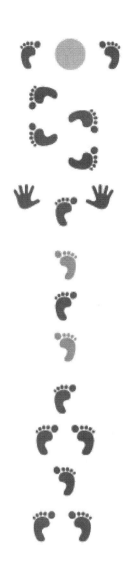

Canzoncina n.3: Uno, Due, Tre

Di cosa abbiamo bisogno:

- n. 4 coppie di orme di piedi +1
- n. 1 coppia di orme di mani
- n.4 freccette
- n.8 cerchi
- n.1 stella

In questa canzoncina lavoriamo sui concetti destra e sinistra e sulla mobilizzazione del piede, alternando la camminata sulle punte e quella sui talloni. Iniziamo poggiando il piede e la mano suggerita dalla canzoncina, proseguiamo poi camminando sulle punte e seguendo le frecce che posizioneremo in modo da formare un cerchio. La canzoncina ci invita poi a camminare sui talloni e andremo quindi ad avanzare lungo il percorso poggiando i talloni sui cerchi che via via incontreremo. Nella parte finale andremo a posizionarci in ginocchio sulla stella portando la fronte a terra e infine faremo 4 salti seguendo le orme.

Ecco il testo:

PIEDE DESTRO, MANO SINISTRA
PIEDE SINISTRO, MANO DESTRA
SULLE PUNTE SULLE PUNTE SALGO SALGO
COI TALLONI COI TALLONI, AVANZO AVANZO
LE GINOCCHIA APPOGGIO
MI PIEGO E MI NASCONDO
CONTA INSIEME A ME UNO, DUE E TRE

Segui il Layout per strutturare il percorso.

Possibili variazioni:

- Possiamo posizionare le mani in modo opposto (la destra a sinistra e viceversa) così da rendere più complessa la posizione iniziale
- Invece di girare in cerchio camminando sulle punte, possiamo posizionare due orme di piedi e chiedere ai bambini di salire e scendere sugli avampiedi rimanendo sul posto
- Possiamo variare i salti finali creando altre combinazioni rispetto a quelle proposte

Canzoncina n.4: Un piede avanti all'altro

Di cosa abbiamo bisogno:

- n. 8 coppie di orme di piedi
- n. 1 coppia di orme di mani
- n.3 cerchi

La canzoncina n.4 ci consente di lavorare su diverse azioni motorie, in particolare la camminata, il giro, il salto e la corsa.

Inizieremo poggiando un piede avanti all'altro come ci suggerisce la canzone e poi una piccola pausa ci farà portare le braccia su.

Continueremo girando intorno o sopra il cerchio, faremo quindi un salto atterrando sulle orme e ci accovacciamo giù. Posizioneremo quindi il piede destro e poi il sinistro, apriremo e chiuderemo le gambe seguendo le orme, batteremo le mani giù e infine la canzoncina ci invita a correre fino a fermarci sul cerchio posizionato alla fine.

Ecco il testo:

UN PIEDE AVANTI ALL'ALTRO
MI FERMO, BRACCIA SU
UN GIRO IN GIROTONDO
SALTO E VADO GIÙ
DESTRO, SINISTRO
APRO CHIUDO, APRO CHIUDO
BATTO LE MANI GIÙ
CORRO CORRO FIN LAGGIÙ

Segui il Layout per strutturare il percorso.

Possibili variazioni:

- Il salto subito dopo il cerchio possiamo organizzarlo con un atterraggio diverso, scambiando le orme di modo che il piede destro sia posizionato a sinistra e viceversa
- Il salto aprendo e chiudendo le gambe possiamo organizzarlo in modo da prevedere anche il movimento delle mani sul pavimento che si aprono e si chiudono
- La corsa finale possiamo organizzarla in vari modi corsa all'indietro, con ginocchia sollevate, sugli avampiedi/sui talloni…
- Nel finale possiamo prevedere di mantenere una posizione di equilibrio su un piede

Canzoncina n.5: Clap-Tap

Di cosa abbiamo bisogno:

- n. 5 coppie di orme di piedi
- n. 1 coppia di orme di mani
- n.1 cerchio
- n.1 triangolo
- n. 1 stella

La canzoncina n.5 introduce anche elementi di Body Percussion e consente ai bambini di rafforzare la conoscenza delle forme geometriche. Posizioniamo i piedi sulle prime orme e battiamo le mani due volte, faremo un salto sulle orme successive posizionate a destra e batteremo i piedi sul pavimento per due volte. Segue il salto sulle orme a sinistra dove andremo a muovere le spalle sul *Rum Bam Bam* oppure a battere le mani sulle cosce. A questo punto la canzoncina ci invita a saltare sopra il cerchio e a battere i piedi a tempo sul *Cha Cha Cha*. Con la punta del piede destro e poi sinistro andremo a toccare gli angoli del triangolo, faremo poi un salto atterrando sulle orme e batteremo le mani a tempo di musica. La canzoncina termina con due passi in avanti e un inchino sul cerchio.

Ecco il testo:

PIEDI AVANTI CLAP CLAP
PIEDI A DESTRA TAP TAP
A SINISTRA RUM BAM BAM
SOPRA IL CERCHIO CHA CHA CHA
CON LA PUNTA TOCCO L'ANGOLO
DI QUESTO BEL TRIANGOLO
FACCIO UN SALTO E COMINCIO A CANTAR
LALALALALALALALAL
PASSO PASSO UN INCHINO E VOILÀ

Segui il Layout per strutturare il percorso.

Possibili variazioni:

- Possiamo variare la posizione delle orme dei piedi scambiando la destra con la sinistra e viceversa
- Possiamo creare altre combinazioni di Body Percussion, percuotendo le mai su cosce, su guance, sul petto…
- Possiamo creare altre combinazioni di movimenti delle mani
- Anche i passi finali possono essere organizzati in modo diverso (prima il sinistro e poi il destro; un passo girato verso destra e un passo verso sinistra, due passi all'indietro…)

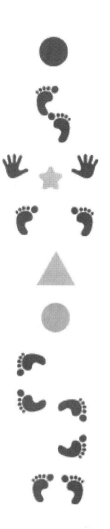

Canzoncina n.6: Passo da elefante

Di cosa abbiamo bisogno:

- n. 4 coppie di orme di piedi + 1
- n. 1 coppia di orme di mani
- n. 8 cerchi

Con questa canzoncina andiamo ad imitare le andature di quattro animali. Inizieremo con due passi lunghi da elefante, proseguiremo con passettini da formica andando ad appoggiare le punte dei piedi alternativamente sui cerchietti. Faremo poi due passi da orso poggiando mano e piede opposto e concluderemo il percorso con 3 saltelli da coniglietto.

Ecco il testo:

PASSO DA ELEFANTE

COME UNA FORMICHINA

TIPPE TAPPE TIPPE TAPPE

L'ORSO CAMMINA

IL CONIGLIO SALTA

BOING BOING BOING

Segui il Layout per strutturare il percorso.

Possibili variazioni:

- Modificare l'atterraggio dei passi girando le orme in altre direzioni (avanti, in diagonale, verso destra/sinistra, rivolte al contrario...)

Canzoncina n.7: Passo da gigante

Di cosa abbiamo bisogno:

- n. 5 coppie di orme di piedi
- n. 2 coppie di orme di mani
- n. 4 cerchi

La n. 7 è una canzoncina che consente di attraversare il Tappeto delle Orme con passi e corse seguendo il ritmo.

Posizioneremo i piedi in avanti molleggiando sulle gambe, andremo poi a fare un salto verso destro e porteremo le braccia su e poi giù in corrispondenza delle orme. Seguono passi incrociati grandi e lunghi, come giganti, salti verso l'alto portando i piedi sulle orme successive, una corsa poggiando un piede dopo l'altro sui cerchi e il finale con le mani giù sul pavimento.

Ecco il testo:

PIEDI AVANTI

PIEGA E STENDI

PIEDI A DESTRA

SALI E SCENDI

PASSO DA GIGANTE

UN PO' TERRIFICANTE

SALTA SU, SALTA SU

CORRI IN AVANTI E LE TUE MANI VANNO GIÙ

Segui il Layout per strutturare il percorso.

Possibili variazioni:

- Il "piega e stendi" iniziale può trasformarsi in uno Squat
- Possiamo andare a modificare la posizione e direzione delle orme per i passi da gigante così come per i movimenti "salta su"
- Possiamo modificare la posizione delle orme alla fine del percorso

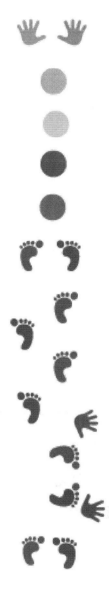

Canzoncina n.8: Due veri amici

Di cosa abbiamo bisogno:

- n. 7 coppie di orme di piedi
- n. 1 coppia di orme di mani
- n. 2 cerchi
- n. 1 stella

Una romantica canzoncina da dedicare ai nostri piedini.

Dopo aver alternato una mano e un piede per due volte, ci posizioniamo sul cerchio per massaggiare i piedi, andiamo a posizionare i piedi sulle orme correndo sul posto, saltiamo seguendo le orme e poi muoveremo i piedi immaginandoli come se ridessero. A questo punto posizioneremo alternativamente un piede su un'orma e poi sull'altra e concluderemo sedendoci sul cerchio finale afferrando le caviglie e facendo incontrare i nostri due piedini.

Ecco il testo:

PIEDE DESTRO, MANO DESTRA,
PIEDE SINISTRO È DA SOLO
MANO SINISTRA, PIEDE DESTRO,
IL SINISTRO È ANCORA SOLO
CI VUOLE UN MASSAGGINO PER STARGLI VICINO
E INSIEME TORNERANNO
A CORRERE, A SALTARE
A RIDERE E GIOCARE
DUE VERI AMICI CHE NON SI LASCERANNO MAI

Segui il Layout per strutturare il percorso.

Possibili variazioni:

- Possiamo andare a modificare la posizione e direzione delle orme nei salti o nella corsa
- Dopo la risata possiamo costruire altre combinazioni di orme per interpretare il gioco dei nostri piedini

Canzoncina n.9: Bughibughibà'

Di cosa abbiamo bisogno:

- n. 4 coppie di orme di piedi +1
- n. 1 cerchio
- n. 1 triangolo
- n. 1 quadrato
- n. 1 stella

In questa canzoncina giochiamo con le forme geometriche e le azioni motorie di base.

Posizioniamo il tallone destro nel triangolo e saltelliamo con il piede sinistro sul cerchio e poi saltiamo sul quadrato e camminiamo sui lati.

Proseguiamo con 3 passi e con lo stop sulla stella e poi saltelliamo all'indietro sulle orme.

Ecco il testo:

TALLONE DESTRO NEL TRIANGOLO

E BUGHIBUGHIBUGHIBUGHIBUGHIBA'

PIEDE SINISTRO SOPRA AL CERCHIO,

SALTA SALTA LALLALEROLEROLA'

ENTRAMBI I PIEDI SUL QUADRATO

SU OGNI LATO PUOI CAMMINAR

PASSO, PASSO, PASSO

FERMATI QUA

E ORA ALL'INDIETRO PROVA A SALTELLAR

Segui il Layout per strutturare il percorso.

Possibili variazioni:

- Il salto sul cerchio può essere fatto girando, rimanendo sul posto oppure spostandosi a destra e a sinistra del cerchio o ancora avanti e indietro...

- Possiamo andare a modificare la posizione e direzione delle orme nei passi e nei salti

Canzoncina n.10: Tacco Punta

Di cosa abbiamo bisogno:

- n. 5 coppie di orme di piedi
- n. 2 coppie di orme di mani
- n. 1 cerchio
- n. 1 triangolo
- n. 1 quadrato

Iniziamo il gioco posizionando i piedi sulle orme e battendo la mano destra. Ripetiamo battendo la mano sinistra. Faremo quindi ballare i piedi posizionandoli fuori al triangolo, proseguiamo saltellando su e giù dal cerchio e poi giocando con il Tacco – Punta nel quadrato, prima con un piede e poi con l'altro. Concluderemo saltando girati verso destra, poi verso sinistra e infine chiederemo ai bambini di liberamente interpretare il gioco di mani e piedi sulle orme posizionate alla fine del percorso.

Ecco il testo:

I PIEDI SONO QUI, BATTI LA MANO DESTRA

VIENI AVANTI ANCORA QUI, BATTI LA MANO SINISTRA

FUORI AL TRIANGOLO, BALLANO I TUOI PIEDI

POI SOPRA IL CERCHIO, SALTELLANO SU E GIÙ

TACCO PUNTA NEL QUADRATO,

PUNTA TACCO NEL QUADRATO

SALTO A DESTRA, SALTO A SINISTRA

INSIEME MANI E PIEDI GIOCANO COSÌ

Segui il Layout per strutturare il percorso.

Possibili variazioni:

- Possiamo andare a modificare la posizione delle orme dei piedi iniziali, incrociando il destro e il sinistro oppure posizionandole in direzioni diverse e opposte...
- Invitiamo i bambini a interpretare liberamente la danza dei piedi e il gioco di piedi e mani...

DEFATICAMENTO E CONFRONTO FINALE

Dopo una stimolante lezione con il Tappeto delle Orme, è importante dedicare del tempo all'attività di defaticamento e rilassamento per i bambini.

Questa fase permette ai bambini di rilassarsi, riprendere il respiro e calmare la mente dopo l'energia spesa durante l'attività fisica e ludica. Gli esercizi di defaticamento vanno proposti con gradualità, in modo da consentire ai bambini di diminuire l'intensità delle attività fisiche in maniera progressiva. Si possono includere semplici esercizi di stretching, respirazione profonda o rilassamento guidato, che favoriscono il rilassamento muscolare e il benessere generale. È importante ascoltare i segnali dei bambini durante questa fase e adattare gli esercizi in base alle loro esigenze e capacità.

Infine, un'ultima pratica importante da includere è l'intervista finale con i bambini. Questo momento di feedback permette di raccogliere le loro impressioni sulla lezione.

Si possono porre domande come "Cosa ti è piaciuto di più della lezione?", "Hai imparato qualcosa di nuovo?" o "C'è qualcosa che vorresti fare diversamente?". Questa intervista finale offre ai bambini l'opportunità di esprimere le loro opinioni, condividere le loro esperienze e contribuire all'adattamento delle future lezioni. Ascoltare attentamente i commenti dei bambini consente di migliorare e arricchire le attività, offrendo un'esperienza sempre più coinvolgente e significativa.

Possiamo poi chiedere di realizzare un disegno che racconti un momento significativo vissuto durante l'attività. Questo permette ai bambini di esprimere la loro creatività e di restituire una rappresentazione visiva di ciò che hanno sperimentato e imparato.

Chiedere ai bambini di disegnare offre loro l'opportunità di riflettere sulla lezione e di rappresentare i momenti che hanno trovato più interessanti o divertenti. Possono disegnare se stessi mentre seguono il percorso delle orme, le azioni che hanno compiuto o le emozioni che hanno provato durante l'attività. Questo esercizio incoraggia anche la capacità di osservazione e di elaborazione delle esperienze vissute e offre ai bambini la possibilità di comunicare ciò che magari non riescono a esprimere completamente con le parole. Ogni disegno sarà unico e personale, offrendo uno sguardo unico sulla prospettiva del bambino e sulle sue esperienze durante la lezione. Una volta completati i disegni, daremo ai bambini l'opportunità di condividere i loro lavori e spiegare ciò che hanno rappresentato. Questo momento di condivisione offre l'opportunità di valorizzare il lavoro dei bambini, incoraggiare la comunicazione e il dialogo tra loro, nonché rafforzare il senso di appartenenza al gruppo.

In conclusione, desidero ringraziarti di cuore per aver scelto questo testo e per aver dedicato il tuo tempo alla lettura delle proposte che ho condiviso. Spero che le idee e le attività che ho illustrato siano utili e stimolanti per te e che ti abbiano fornito spunti per sviluppare ulteriormente il tuo lavoro con i bambini.

È importante ricordare di adattare gradualmente i giochi e le attività alle esigenze e alle capacità dei tuoi bambini. Ogni bambino è unico e potrebbe richiedere un approccio personalizzato. L'obiettivo principale è creare lezioni semplici ed efficaci che permettano ai bambini di scoprire il movimento con gioia e divertimento.

Spero che le proposte presentate nel testo abbiano ispirato la tua creatività e ti abbiano fornito nuove idee per arricchire l'esperienza di gioco e apprendimento insieme ai tuoi bambini.

Non mi resta che augurarti Buon Divertimento!

Ad Maiora

INFORMAZIONI SULL'AUTORE

Rosa Cipriano

Danzatrice, coreografa e insegnante di danza R.A.D., specializzata in Psicomotricità educativa, Operatore per l'infanzia, Educatore Socio-pedagogico e laureata in Scienze Pedagogiche, si occupa di sviluppare programmi di educazione al movimento che coinvolgono lo sviluppo globale del bambino con approccio ludico, immaginativo, espressivo.

Crea e conduce laboratori per bambini, corsi di formazione per insegnanti, educatori, genitori. Ideatrice del programma Cantaballo®, disciplina nazionale riconosciuta dall'ente Acsi, scrive e interpreta canzoncine per bambini, fiabe, filastrocche di movimento che offrono ai bambini un'esperienza olistica, contribuendo alla loro crescita e allo sviluppo delle capacità motorie, cognitive ed emotive.

Laureata in Giurisprudenza e abilitata alla professione forense, si occupa di mediazione civile e tutela della Privacy.

Visita il sito www.rosacipriano.it

ESEMPIO SCHEMA DI LEZIONE   08/06/2023

| CLASSE/GRUPPO | infanzia sez. A |

ATTIVITA' DI ACCOGLIENZA

- Scambiamoci la palla e diciamo il nostro nome (sempre più veloce)
- Marcia sul posto variando il fronte ad ogni battito di mani (girati a dx/sx/dietro/avanti)
- Elefanti e formiche (in ordine sparso quando mostro il disegno dell'elefante ci spostiamo con passi grandi, per le formiche invece passi piccolissimi)

GIOCHI CON LE ORME

- Gioco Salta sulle coppie
- Gioco Come aeroplani
- Filastrocca Il gatto Tito
- Filastrocca La pioggia
- Canzoncina Un piede avanti all'altro
- Canzoncina Tacco Punta

ATTIVITA' DI DEFATICAMENTO

- Stretching stando seduti: gambe distese avanti tocchiamo le punte dei piedi; gambe incrociate, rilassiamo la schiena avanti;
- Stretching del gatto: in quadrupedia curviamo la schiena e poi rotoliamo sul tappeto allungandoci e stiracchiandoci. Ripetiamo 4 volte.
- Intervista

NOTE
Gioco più apprezzato : Il gatto Tito
Ho promesso che alla prossima lezione verrà a trovarci il Gatto Tito (portare pupazzo)

SCHEMA DI LEZIONE

| CLASSE/GRUPPO | |

ATTIVITA' DI ACCOGLIENZA

GIOCHI CON LE ORME

ATTIVITA' DI DEFATICAMENTO

NOTE

SCHEMA DI LEZIONE

| CLASSE/GRUPPO | |

ATTIVITA' DI ACCOGLIENZA

GIOCHI CON LE ORME

ATTIVITA' DI DEFATICAMENTO

NOTE

Printed by Amazon Italia Logistica S.r.l.
Torrazza Piemonte (TO), Italy